ANDRÉ SUARÈS

OCCIDENT

PARIS
ÉMILE-PAUL FRÈRES, ÉDITEURS
100, RUE DU FAUBOURG-SAINT-HONORÉ, 100
PLACE BEAUVAU

1915

COMMENTAIRES

GUERRE DES BOCHES

IV

QUELQUES ŒUVRES

de

SUARÈS

—————

Sur la Mort de mon Frère, 1 vol. petit in-8, 1904.
La Tragédie d'Électre, 1 vol. gr. in-18, 1905.
Tolstoï vivant, 1 vol. gr. in-18, 1911.
De Napoléon, 1 vol. gr. in-18, 1912.

Voici l'Homme, 1 vol. gr. in-8, 1905.
Images de la Grandeur, 1 vol. gr. in-8 1901.
Bouclier du Zodiaque, 1 vol. gr. in-8, 1907.
Lais et Sónes, 1 vol. gr. in-16, 1909.

Sur la Vie, *Essais*, Tome I, 1 vol. gr. in-16, 1909.
Sur la Vie, *Essais*, Tome II, 1 vol. gr. in-16, 1910.
Sur la Vie, *Essais*, Tome III, 1 vol. in-18, 1912.
Le Livre de l'Emeraude, 1 vol. in-18, 1901.
Voyage du Condottière, Tome I, 1 vol. gr. in-16, 1910.
Idées et Visions, 1 vol. in-18, 1913.
Cressida, 1 vol. in-18, 1913.

Trois Hommes, Pascal, Ibsen, Dostoïevski, 1 vol. in-8, 1913.
Chronique de Caërdal, I. *Essais*, 1 vol. in-8, 1912.
Chronique de Caërdal, II. *Portraits*, 1 vol. in-8, 1914.

Nous et Eux, *Commentaires* I, 1 vol. in-18, 1915.
La Nation contre la Race, *Commentaires* II, 1 vol. in-18, 1915.
C'est la Guerre, *Commentaires* III, 1 vol. in-18, 1915.

ANDRÉ SUARÈS

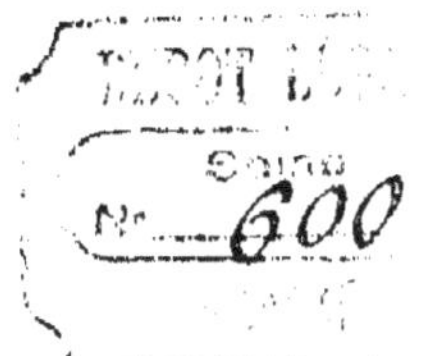

OCCIDENT

PARIS

ÉMILE-PAUL FRÈRES, ÉDITEURS

100, RUE DU FAUBOURG-SAINT-HONORÉ, 100

PLACE BEAUVAU

—

1915

Justification du tirage

N°

PLUS DE NEUTRES

Nı l'un ni l'autre, c'est le neutre. En cette double négation, une pauvre vie s'affirme. On peut trouver son compte à être neutre : il n'y a pas lieu d'en être fier.

Dans un monde en proie à la guerre, en un temps où tout est action, le neutre voudrait faire croire qu'il est l'un et l'autre, pour l'un et pour l'autre. Mais il ne peut. L'impuissance est le propre du neutre.

Le neutre sent bien qu'il doit prendre parti : car il est partie dans le tout formidable, que la guerre divise en deux camps. Qu'il le veuille ou non. Pour être vraiment neutre, il faudrait que la neutralité disposât d'une puissance supérieure aux forces en lutte. Le neutre alors ne serait plus neutre; il serait arbitre et ferait la loi.

Où tout est en question, les neutres sont d'un parti, quoi qu'ils fassent pour n'être d'aucun. Ils sont du côté où ils supposent que leur intérêt les appelle. S'ils ne connaissent pas leur intérêt, on le connaît pour eux. Et s'ils se flattent de ne point choisir, le plus fort leur dicte leur choix.

On subit, quand on n'agit pas. Les

neutres sont les faibles qui s'effacent, pour qu'on les oublie. Ils craignent de juger; ils n'osent pas être de leur propre avis : au fond, ils en ont un. Mais ils n'ont pas le courage de leur opinion; et souvent, ils n'en ont pas les moyens. Ils ont donc peur du sacrifice. La vie pleine exige le sacrifice; et le sacrifice veut la force héroïque. Ainsi, la beauté du sacrifice est refusée à la faiblesse. La mort est au milieu de nous : on ne peut plus mentir, aujourd'hui. Les neutres sont des faibles contraints d'avouer leur faiblesse. Il n'est pas facile d'être neutre.

Seule, la Suisse a le droit d'être neutre. En Suisse, la neutralité n'est pas une fiction. Elle est la nécessité politique du pays, laquelle représente la nature des choses. La Suisse est neutre comme les Alpes, qui ne peuvent s'empêcher, au même nœud des glaciers, parmi les mêmes neiges, d'envoyer à l'ouest et à l'est, au midi et au nord, les eaux qui nourrissent les fleuves opposés. Latins et Allemands vivent côte à côte dans ces vallées. Ils ne peuvent sortir de la neutralité, sans entrer dans la guerre civile.

Ces peuples ont conscience de la douleur et du danger. Ils ont bonne conscience. Leur pays est un lieu d'asile. La Croix-Rouge est dans ses armes. Un hôpital en Suisse, une maison de secours à Bâle ou à Genève est le seul coin de terre, en Europe, où la loi chrétienne ne soit point profanée par le Barbare.

Mon poète a dit des neutres :

Ils ont vécu sans los ni infamie ;
Ils sont mêlés au chœur chétif des anges
Qui ne furent ni rebelles à Dieu
Ni fidèles, mais qui n'ont vécu que pour eux.

Et pour les mieux écraser contre terre, le poète conclut :

Ils n'ont même pas l'espoir de mourir (1).

Dans la fournaise où nous sommes, les tièdes nous sont moins que rien. Mais que sont-ils pour eux-mêmes? Quelle triste fierté leur doit venir de vivre tranquilles.

J'entends : ces peuples font de l'or. La sueur des patients et de toutes ces agonies est une rosée pour leurs arbres à fruits. Leurs gens de négoce, le gros et le

_____
(1) Dante, Inf., III, 12.

détail, prospèrent sur un fumier de sang.

Le commerce est sans entrailles. L'amour du gain ne connaît ni les transes du héros, ni les lits d'hôpital, ni la plénitude affreuse des tombeaux. L'industrie ne s'arrête pas aux sépulcres, si ce n'est pour faire de la bougie avec la graisse des morts et du noir animal avec leurs os. Mais enfin, plus ces neutres gagnent, plus ils servent ; et même à leur insu. Ils croient avoir l'usage de la neutralité, et ils en abusent. L'abus de la faiblesse n'est pas moins ordinaire que celui de la violence. Ils sont des assiégés, qui passent entre les lignes ; ils ne trompent pas le blocus, et ils ne peuvent pas le forcer. Le jour doit être proche, où on leur montre qu'on n'est pas dupe : il faut les contraindre à prendre rang dans l'une ou l'autre armée. Les rangs sont divers, diverses les dignités. Le marchand est une espèce de soldat, à l'occasion. Toutes les armes ne sont pas à feu. On n'a pas toujours un grand cœur à donner. Tel vend, qui ne peut faire de beaux dons. Du moins, que le marchand ne troque pas ma vie contre l'or qu'on lui offre ; qu'il ne fasse pas le neutre quand il nourrit mon ennemi, et qu'il lui vend les obus que je reçois dans le dos. Bonne espérance vaut mieux que mauvaise possession : la générosité de ce dicton répugne aux neutres : ils n'arrivent pas à se convaincre qu'il faut servir à merci, et courir la même fortune que les amis de la bonne cause.

Il serait vraiment temps d'en finir avec cette fausse délicatesse, qui consiste à ne parler des neutres que par allusion, comme dans une chambre de malade. Les neutres sont malades plus qu'ils ne pensent. La guerre est un dur chirurgien : il veut savoir si le neutre, sur sa chaise longue, consent à être opéré ou non. Au neuvième mois d'une guerre générale, où se joue le sort du monde, il est ridicule de ne point exiger des neutres une réponse sincère et une prompte résolution.

Ici, le temps est de l'or; mais bien plus, le temps est du sang.

§

J'espère qu'il y a, chez les Alliés, un maître de la guerre. Sur les cinq fronts de France, d'Italie, de Pologne, du Danube et des Dardanelles, il faut qu'une pensée unique dirige les actions parallèles; et certes, l'ennemi ne sera battu qu'à cette condition. On ne peut frapper à fond, qu'en assénant d'une fois tous les coups.

A la vérité, le chef de la guerre ne peut rien, s'il ne s'appuie, en Occident, sur un maître de la négociation.

Ce maître de la politique manque; et son esprit ne se fait pas sentir. Un tel homme ne fait pas l'histoire : mais l'histoire se fait en lui, parce qu'il en a le sens et qu'elle est toute en lui, avant toute réflexion.

De grandes forces qui n'ont point de centre, voilà l'erreur de l'Occident, et de la politique, depuis un an. Le plan de la politique, ou son lieu, est une bonne tête où une pensée hardie et commune à toutes voit d'ensemble les fatalités de l'histoire, et noue entre elles le lien d'une volonté sereine.

Tous les efforts se dispersent. Tout se fait par succession et par fragment. Il faut au contraire que tout coïncide. Trois grands coups, portés d'un seul élan, ont plus d'effet que dix un à un, ou même trente.

Les empires barbares obéissent à une seule volonté et à une seule main : grâce

au ciel, elle est sans génie. La guerre et
la politique ont un centre à Berlin : tout
part de là, et tout y mène. C'est, d'ailleurs, Berlin qui perdra les trois empires,
dans sa propre perte. Pour le moment,
la force des Barbares tient à l'unité de la
politique.

Il n'est pas croyable que l'Occident se
prive toujours du même avantage. S'il y
avait un maître de la politique, les États
des Balcans auraient cessé d'être neutres
à l'heure même où l'Italie est entrée dans
la guerre. La Roumanie s'ébranlant vers
les moissons hongroises, les Serbes pas-
sant le Danube, les Bulgares marchant
sur Andrinople, tandis que l'Italie ravis-
sait les passages des Alpes, et que la
France gagnait la bataille d'Arras, jamais

les armées russes n'eussent perdu la
Galicie. La guerre était plus courte d'un
an.

Les neutres ne sont ni justes ni libres :
ils ont peur de tous les risques. Plus que·
jamais, la liberté et la justice sont les
attributs de la puissance et de la souve-
raineté. Les neutres donnent des armes à
un parti contre l'autre. Et ils le font d'autant plus, qu'ils s'en défendent. Ils voudraient jouer à coup sûr. Surtout en
Orient, où la négociation est une perpé-
tuelle marchanderie : les politiques honnêtes y sont plus marchands que les
autres : on finit par conclure un marché
avec la politique vénale; mais on n'en
vient pas à bout avec des habiles, qui ne
conçoivent pas d'habileté supérieure à

marchander ce qu'on veut acheter, si ce
n'est à se faire marchander ce qu'on veut
vendre.

Le délai de la Roumanie prolonge la
guerre de deux ou trois saisons.

Trop d'orateurs en Roumanie. L'élo-
quence, en cet incendie, énerve la volonté
et le courage. Un pays qui parle n'est
pas un pays qui se bat. Il n'est pas non
plus un pays qui se fait craindre. Une
Europe en armes redoute moins la rhéto-
rique et la délibération qu'elle ne s'en
irrite. On négocie sans fin pour se faire
payer; mais il arrive qu'on paie chère-
ment trop de délais.

Le nom ne suffit pas à faire des Romains. La force latine se montre, présen-
tement, aux partis qu'elle prend et non

aux mots qu'elle dit. Latins, race latine :
grands mots, et peu de sens. Mais rien
n'a plus de sens, rien n'est plus riche en
idées et en action que ces forces
vivantes : l'ordre latin, le monde latin,
la cité latine. Latins, c'est une raison et
un esprit. Les Anglais sont latins, aujour-
d'hui.

Tant d'orateurs en Roumanie, et le
peuple est muet.

A Pâques, l'Italie se taisait aussi. Mais
là, un grand peuple est vivant, qui sait
ce qu'il ne veut pas, et qui veut comme
il sent. Il parle, et l'État obéit. En
Orient, les peuples n'ont pas encore l'usage
de la parole. La plèbe roumaine, forte
paysanne, vive et de bon sang, est serve
de quelques durs patrons, une poignée de

grands propriétaires, hommes d'argent,
qui savent même se soustraire à la haine
de leurs serfs : car ils ne résident pas :
ils substituent la terre à leurs fermiers ;
et parmi les fruits du domaine, ils ne
partagent pas la haine avec le métayer.
La Roumanie ne vit que pour les affaires
de ces gros patrons : il s'agit de vendre
leur pétrole et leur blé aux empires barbares : la politique s'ensuit. On cherche
un peuple, et l'on ne trouve devant soi
qu'un gouvernement. Et qu'est-ce enfin
qu'un gouvernement, quand il n'est
pas la forme visible d'une nation ? La
force au service de quelques intérêts
privés, et les commis de quelques marchands.

Sage et hardi, l'exemple de l'Italie devait ouvrir la voie de l'action à tous les États des Balcans. Ils s'en écartent, au contraire ; ils ne voient de sagesse que dans l'hésitation et d'habileté que dans la ruse et dans les biais. Ils n'ont pas compris qu'il peut y avoir un suprême intérêt à n'être pas trop habile, et qu'une décision généreuse est une habileté aussi. L'Italie n'ignorait pas les sacrifices sanglants qu'elle va faire à la guerre.

Chacun de ces peuples n'a d'yeux que pour son arbre dans la forêt.

Ils ont perdu l'idée de la chrétienté, et ne se sont pas encore élevés à l'esprit de l'Europe.

Il est temps pour les trois États des Balcans de prendre part à la guerre. Il sera trop tard dans un an. Si Constantinople tombe sans eux, ils n'auront rien de la ruine turque, pas une pierre; et ils n'auront droit à rien. L'Occident fera les comptes de chacun.

Le souci de l'équilibre, les bras tendus, les mains ouvertes, la tête en l'air, peut faire choir ces peuples dans le fossé. Il suffit d'un faux pas. Il n'en est point de plus cruel qu'un trop long contretemps. Dans la guerre et la politique issue de la guerre, il n'y a qu'une heure de trop entre la victoire et la défaite. L'équilibre est un beau souci. Mais le combat est une nécessité. Les États, demain, n'auront d'autres droits que ceux qu'ils tiendront de leurs sacrifices. Jamais la politique ne fut plus réelle. Où il va de la vie et de la mort, c'en est fait de la fiction. A cette guerre des peuples doit répondre une diplomatie nouvelle. Le temps n'est plus des bals et des révérences. Tout sera pesé au poids terrible et juste de la peine et du sang.

Le sort de l'Europe ne peut pas dépendre de Cavalla, de Silistrie, ni même de la Macédoine, puisqu'on à la folie de vouloir accorder les Grecs et les Bulgares. Vénizelos et Pachitch, qui sont hommes d'État, l'ont senti.

Le principe des Balcaniques est le parfait équilibre des forces en Orient. Or, l'équilibre est la perfection de la paix, et la limite idéale où tendent les accords des nations. Ces peuples jeunes portent, dans la politique, toute l'aigreur et la puérilité des enfants qui se disputent et se gourment dans une ruelle. Il convient de les faire rentrer dans la cour de l'école, et de les réduire au silence. Ils veulent entre eux tous une égalité absolue ; ce vœu est le plus puéril du monde et le moins juste. La première nécessité, pour chaque État des Balcans, est l'accès à la mer libre. Les Alliés reconnaissent à chacun et à tous ce droit sur la mer, puisqu'il est un besoin de la vie. On veut que ces peuples vivent. On espère qu'ils croîtront. On désire qu'ils prospèrent. C'est parce qu'on veut se délivrer des Barbares, qu'on entend bannir l'Autriche de l'Adriatique.

Constantinople prise, la liberté des détroits n'est plus en question. Le destin

4

de la Serbie est à l'Occident : elle peut
être une Hongrie slave pour l'Italie et la
nouvelle Europe. Le destin de la Grèce
est insulaire et en Asie. Celui de la Roumanie est au nord du Danube ; en Thrace,
celui de la Bulgarie.

Une convention avec les Alliés doit
d'abord suffire à ces États. Les puissances de l'Occident sont une garantie.
Mais on ne peut leur demander, en pleine
guerre, un règlement particulier de tous
les procès en cours, et une solution.

S'il faut, pour compter sur les Balcaniques, fixer dans tous les détails le sort des
provinces en litige, des districts, des can-
tons, on n'aura jamais fini avec cette Macédoine. Il faut, ici, un coup de volonté sou-

veraine : imposer une loi pour tous, avant
de faire raison à chacun. Et de prompts
délais : à prendre ou à laisser. Quant
aux territoires contestés, ils devraient
être remis en dépôt, aux grandes puissances. Le congrès de la paix sera l'arbitre.

Il y a une politique de la guerre, une
politique de la paix. La politique ne tend
qu'à la paix; mais c'est la guerre qui
la fait : jusque-là, toute politique est
soumise à la guerre.

Ce que nous demandons aux neutres
est moins pour nous que pour eux-mêmes.
On leur offre des occasions, qu'on n'a pas
deux fois en deux mille ans. Et ils n'ont pas
l'air de le comprendre. L'Occident accablé,
que seraient-ils dans une Europe vaincue?
Des colonies barbares, et des esclaves.

Voilà donc une guerre terrible et sublime, qui met aux prises les forces contraires du genre humain. Chaque parti en présence soutient la cause d'un Dieu ; et les dieux sont ennemis de toute éternité. Les siècles par milliers, et les hommes par millions sont armés les uns contre les autres, derrière les soldats qui luttent et se tuent. Ces batailles effrayantes, qui s'étendent de la Tamise au Bosphore, et qui affrontent des pays entiers, figurent des combats plus immenses encore, à travers les siècles des siècles et parmi les générations. Les soldats sont lancés à la mort par tout le

passé des hommes : le sort du monde
est l'enjeu de la mêlée, et la voie des
temps à venir.

La grandeur de cette guerre est sans
mesure. Tout l'a préparée ; et elle prépare
tout. Et comme tout y entre, tout doit en
sortir.

Dans une telle guerre, où sont les
neutres ? Il n'en saurait y avoir. On ne
peut être neutre entre ses propres destins.
Là où la fatalité même semble arracher
tous les masques de la politique, un
regard clair découvre qu'on ne subit tout
à fait, de deux destins, que celui qu'on
préfère. On ne l'avoue pas toujours ;
encore moins ose-t-on le dire : mais on
va presque toujours où l'on voulait aller.

Il est des nations qui osent être elles-
mêmes ; et d'autres qui n'en ont pas le
courage. D'autres enfin, ayant la volonté,
n'ont pas la force de leur désir. Celles-là
sont les plus victimes. Mais celles-là
même sont victimes surtout de leur
moindre vertu. Que la Belgique leur soit
un éternel remords, et la Serbie un
immortel exemple. L'Italie a montré la
sagesse magnifique de vouloir et d'agir.

Victimes d'ailleurs, elles ne peuvent
l'être qu'en étant pour nous et avec nous,
sans nous donner réellement de l'aide.
Elles ne seront donc pas victimes, à la
fin : elles auront seulement vécu dans
l'angoisse de l'être. C'est bien le moins
qu'elles aient tremblé de tout le sang que
nous versons, pour leur garder la vie.

Car nous leur sauvons la vie, en sauvant
la nôtre.

Tout ce qui est nation doit être avec la
France. Les nations sont avec la France,
même si elles ne le savent pas, et même
si elles ne le veulent point. Le génie de
la France porte la vie.

Ces neuf mois ont enfanté la liberté de
l'Europe : elle a été conçue dans un déluge
de sacrifice et de feu, à la bataille de la
Marne.

Elle est dans le sein de la France, et
n'est pas ailleurs. Elle est dans les dou-
leurs inouïes de ce peuple, et les déchi-
rements de sa terre, entre la Seine,
l'Escaut et le Rhin. Qui est le plus, se
sacrifie le plus. Quand dix matrones vien-
draient aider à la délivrance de la Mère,

fût-ce avec les fers, l'enfant ne sera point
d'elles : il naît de la France et de son
sang : quatre millions de Français ont
offert leur vie, pour assurer la sienne.

La France, qui se bat pour vivre libre
et belle, se bat du même coup pour le
reste du monde. C'est sa suprême beauté
d'en avoir conscience : elle l'a de sa
volonté, de son destin et du parti qu'elle
suit. Comme un homme bien né, achevé
dans sa forme vivante, elle a conscience
de tout ce qu'elle est, la Douce France.

Sans la France, il n'y a pas d'Occident ;
et moins l'Occident, il n'est pas d'Europe.
La victoire de l'Occident ne peut faire
qu'un seul vaincu : l'Empire Barbare.
Point de place pour les neutres en un tel

conflit. Leur cause est dans nos mains :
elle nous doit tout, si nous faisons préva-
loir la nôtre. Et peut-être même, le peuple
allemand devra-t-il dater sa naissance du
jour où l'Empire sera tombé sur les
genoux.

La victoire de l'Occident et des nations
est aussi clairement la victoire de la
France, que Salamine fut la victoire de
la vieille Europe. Mais si l'Empire Barbare était vainqueur, toute l'Europe serait
vaincue.

17 mai 1915.

II

A LA RUSSIE

Je ne dirai pas : Gloire à la Russie !
ni : Honneur à elle ! Ce n'est point
assez. Les couronnes de l'orgueil n'ont
que faire ici. Le front de la Sainte Russie
ne les cherche pas. Rien ne lui sied que
le salut d'une sœur, le baiser de la nation
très humaine : Amour à la Russie et
tendresse pour elle.

La Russie est vraiment sainte en ces
jours d'épreuve, de deuil profond et tran-

quille. Elle tombe sur un genou ; mais rien ne l'atterre. Même ainsi, elle est plus haute des épaules et de la tête que tout ce qui l'entoure. Elle souffre, et ne craint point. Elle est déchirée ; et sa force paraît dans sa blessure même, à la santé de sa plaie, au calme du pouls, à la pureté de ses yeux sans inquiétude. Et ce bras si vaillant, cette gorge si pleine, ce lait qui coule mêlé au sang, la bonté avec la douleur, et l'inépuisable fécondité, nous la reconnaissons telle qu'elle a toujours été.

Elle est faite pour tous les sacrifices. Elle n'aspire pas aux triomphes, même quand elle les recueille. Elle se plie à servir. Elle donne sa vie et ne meurt pas. Elle est dans sa vérité au milieu des tourments ; et le silence qu'elle garde est sa

parure. Même dans le combat, elle a l'air
de prier. Et jusque dans la prière, elle
semble une mère qui nourrit, près d'un
homme à la charrue. Si elle baisse le
front sur sa peine, c'est alors que la
France lui prend la main avec le plus
d'amour. Ces deux grandes paysannes
sont faites pour le même destin, pour
s'aider et se comprendre.

§

Peuple de paysans. Même à la mer, ils
sont paysans.

De là, qu'ils n'ont jamais fini de faire
leur devoir. Et qu'ils font de si bons
soldats.

Ils vont à la guerre comme au mauvais

labour, dans la saison du diable. Il y a
du démon, pour eux, dans l'ordre sans
cœur des Allemands. Le paysan admire
le diable et le méprise, il le craint et s'en
moque. Mais il voudrait bien en purger
ses bois et ses champs.

Ils sont les épis qui marchent.

Ils mûrissent même s'ils tombent, sous
la pluie des balles comme sous la pluie
d'orage.

Ils sont la terre levée, avec sa grande
patience, sa promesse toujours tenue, —
si ce n'est aujourd'hui, ce sera demain, —
et l'assurance d'avoir raison la dernière.

Cette terre, remuée dans le sang, se
referme à la fin sur les ennemis : elle
avale l'invasion qui l'a foulée. Elle est
l'espace, et elle a le temps.

Le paysan russe est un des plus beaux
espoirs qui restent à l'Europe. Il ne la
trompera pas. Il ne lui fera pas la faillite
atroce de l'ouvrier allemand.

§

Depuis cinquante ou soixante ans, on
ne peut comparer les dons de la Russie
et ceux de l'Allemagne à l'Europe.
Wagner et Parsifal exceptés, qui sont d'un
autre âge, l'Allemagne n'a créé que le
Boche, sous toutes ses formes. Le Boche
est l'automate de la force, la machine de
l'espèce montée par la science. Son seul
héros, après Bismarck, est Nietzche, le
prophète du nouvel Islam.

L'Allemagne a lâché sur l'Occident la

peste de la matière. Il est venu de Russie
beaucoup d'amour, beaucoup d'art,
vingt chefs-d'œuvre, une foule de talents,
un monde frère du nôtre : un monde en
esprit.

Ils sont à Varsovie. Ils peuvent publier
que la Russie est vaincue. La Pologne
même ne l'est pas. Cette guerre est la
naissance des peuples. La Pologne au
tombeau depuis trois jours, demain res-
suscitera. La Russie, qui souffre, peut
faire souffrir : elle ne tue pas.

Ils la méprisent, ces Allemands. Elle
est si loin d'eux. Ils sont si loin d'elle.
Le propre de l'Allemagne est de ne rien
connaître à ce qu'elle sait le mieux.
Quand il s'agit de l'homme, cette savante

ignorance est sans limites. Les Allemands
se vantent de haïr la Russie. La haine
diffame tout. Dans la haine, il y a la
bête et l'appétit : j'y trouve un manque
profond d'intelligence.

L'Allemand ne comprend rien à l'âme
vivante des autres peuples : parce qu'il
n'aime pas les autres vivants. L'Allemand
est sans amour. Le Russe n'estime que
l'amour.

Docteurs, philosophes, théologiens et
politiques, les Allemands ont toujours
souillé la France dans leur opinion; et ils
se flattent d'avilir la Russie. Ils le font au
nom de la matière, et tout au plus de la
science. Mais leur science est une mécanique
des corps. L'esprit se rit d'une telle science,
et il a horreur de cette matière insolente.

Ils parlent de la Russie tartare, de la Russie barbare, de la Russie esclave, ces bons amis du Turc. Il ne faut que lire les proverbes russes, pour y entendre la voix d'un peuple mille fois plus libre d'esprit, mieux né, plus généreux et plus près de la vraie noblesse que tous les professeurs allemands.

Liberté des mœurs et de l'âme : elle est partout en Russie. Et plus vraie dans un taudis de Pétersbourg, que dans les universités allemandes. Il n'est pas d'esclaves qu'on puisse comparer à Bernhardi, à Dryander et à Ostwald : parce qu'ils sont les esclaves volontaires de l'appétit et de la race. Ils n'ont même plus le sentiment de leur servitude. Ils sont asservis à l'État, corps et âme. Le moujik enchaîné ne donne aux chaînes que ses bras.

La conscience est le noyau du Russe, pour jouir de la vie et pour souffrir de soi. Dans l'Allemand, il n'y a que la raison d'État.

Ce qu'ils nomment « l'Organisation », à genoux, en baisant le journal ou le livre, ces hypostases de l'État, est une force qui tue l'âme, et qui substitue l'intérêt de la race à la conscience. Le Russe, toujours lui-même, dès qu'il ouvre les yeux et se sépare de la terre maternelle, est capable de tous les excès, comme un autre, et de tous les crimes : mais jamais de perdre sa conscience. La morale de Bismarck fait honte à un forçat de Sibérie. Il crache et il rougit. Le plus humble des Russes rit de l'Allemand ou le dédaigne. Ce mystère est de ceux que n'ont jamais expliqués les fameux chimistes de Leipsic ni les physiciens d'Iéna.

En Russie, partout des saints. Ils courent les rues. La conscience fait les saints. Les Russes sont malades de conscience, par excès de conscience. Les Allemands ont cessé d'être hommes, par atrophie et sclérose de la conscience.

La foule russe dans les couvents : les staretsi qui bénissent ces ingénus, pleurant de foi et d'amour ; les innocents qui font des miracles : car les témoins y croient. Cette foule, qui aime et qui prie, est pourtant un autre trésor pour le genre humain que la race des automates. Et le spectacle de ce peuple, qui voit son

Dieu dans ses larmes d'amour, passe
peut-être en beauté le pas de l'oie.

§

Outre le génie, les grands Russes ont
naturellement du style. Le style, qui est
vraiment l'homme, doit être aussi une
vertu de la charité, dans l'ordre de l'art.
On n'est point artiste, sans une conscience très fine de soi et des autres.

Ils viennent bien de la Perse et de
Byzance. Ils ont le charme de l'Orient, et
cette promptitude à faire un art de la vie,
qui les fait passer en un instant de la
naïveté puérile à l'extrême raffinement.

Ils sont doués de sens aigus et délicats,
souples et généreux. Ils ont de la sève :

leur vice même a du suc. Ils sont capables de volupté. Par nature, ils sont aussi loin du docteur et du pédant que les Français. Ils s'encuistrent avec les Allemands. Ce peuple russe, qui a de si bons yeux, porte lunettes au retour d'Allemagne.

Ils ont le goût et le don de l'élégance. Comme leur esprit est pénétrant, et que leur grand cœur est subtil, ils ont du tact : c'est le septième sens, si rare dans les pays du Nord.

Chez eux, les femmes cessent très tôt d'être des femelles. Elles tournent à la folle, plus aisément qu'à la bête.

Y a-t-il jamais eu un danseur allemand ? Les Russes ont le génie de la danse, presque à l'égal de l'Espagne. Ils

chantent naturellement avec un art tendre, monotone, et d'une mélancolie admirable. Leurs harmonies sont simples,
avec des recherches soudaines, d'étranges
pressentiments, des hardiesses délicieuses
et brusques. Ils valent les Espagnols et
les Celtes pour le rythme. On en retrouve
la richesse et les élans dans leur naïve
recherche des couleurs : ils en font des
alliances parfois trop violentes, mais non
cruelles. Le mauvais goût et la méchan-
ceté répugnent également à la douce
nature russe.

Leur musique populaire est un trésor,
plein de ressources. Et après les voix
latines, leurs voix sont les plus belles.

§

En tout leur art, même quand il pèche par les proportions, la mesure des détails est exquise. Le trait est nerveux, aigu, tout animé d'esprit. Entre les qualités les plus rares, ils ont l'impression juste. Ils rendent, avec une force et une sûreté merveilleuses, le son de la vie et le mystère des sentiments. Dostoïevski n'a jamais des touches plus simples que pour peindre la profondeur des passions, les démarches les plus subtiles de l'instinct, et les ténèbres où s'enlacent toutes les racines du cœur.

Quantité d'esprits originaux : ils n'ont pas encore besoin de l'art, et ils ne vont pas jusqu'à se muer en œuvres. La plupart sont dans la vie, et se contentent de vivre. Cependant, on peut être original à l'égal de Dostoïevski, de Moussorgski et de Gogol: on ne saurait davantage.

Un géomètre comme Lobatchevski est à peu près de la même trempe, dans son ordre. Et dans la politique, rien n'a paru, depuis trois quarts de siècle, qui vaille Bakounine. L'esprit français, l'idée de justice à la Proudhon, et Bakounine sont les seuls antidotes de la Social-bochocratie. Ils sauveront seuls les socialistes, si les socialistes veulent être sauvés.

§

On fait des érudits; mais on naît artiste. On forme des savants tant qu'on

7

veut ; mais le style original est le don de l'homme à la terre.

De poète plus grand que Dostoïevski, il n'en est point. Il y a plus d'humanité dans un seul chef-d'œuvre de Dostoïevski que dans tous les livres allemands.

Pour peu que les Russes soient soumis à une discipline, et qu'ils ne la demandent pas à l'Allemagne, le sens de la belle vérité les mène, d'un seul coup, à la plus exquise mesure dans l'expression, et même à la plus sobre. *Boris Godounov* est une œuvre unique. Elle touche aux cimes du tragique, comme s'il était aussi naturel à Moussorgski de vivre sur les hauteurs, que de cheminer dans la plaine. Jamais il n'insiste. Il se prive de tout ce que les virtuoses et le plus grand nombre

des artistes appellent l'effet. Et se priver
n'est pas assez dire : car il semble ne pas
même y songer. Il a le goût si pur, qu'en
négligeant l'effet, il ne croit pas renon-
cer à un avantage : il s'assure du sien,
qui est de n'en pas être tenté. Qui fini-
rait ses actes, comme Moussorgski finit
les siens? A ce point, la sobriété passe
pour un manque d'adresse tragique.
Bénie soit cette innocence, si c'en est une :
mais je ne l'accorde pas : j'y trouve le
calcul que je préfère,

Dans *Boris Godounov*, l'abnégation de
la musique est une vertu si haute, que
je la nomme sainte. Et, comme il est
juste, la sainteté a sa récompense : elle
est le terme où parfois la beauté aspire.

Je veux rire des Allemands, qui parlent de l'État russe avec mépris.

Tout ce qu'il a de pis est leur œuvre. L'ulcère de l'État allemand, en pleine chair russe, est le mal séculaire de la Russie. La troisième section, la tyrannie des bureaux, la royauté de la police, l'appareil militaire de toute l'administration publique, pas un de ces traits qui ne soit allemand. Les pires bourreaux, les ministres sans conscience et sans entrailles, ont presque toujours été Allemands d'origine. La terrible machine à opprimer qu'est le Tchin, est une machine orientale réglée par les Allemands, montée à l'allemande, refondue en métal allemand et menée par des Allemands. Tous les excès de la hiérarchie russe sont une conquête de l'esprit prussien sur l'âme de la Russie ; et les partages de la Pologne en sont le principal argument.

Rien ne perd les Russes que leur docilité à l'esprit allemand. Quand le musicien russe étudie à Berlin, il en revient Tchaïkovski, une espèce de Brahms, interminable cuistre. L'Occident seul est le levain lumineux qui fait gonfler la grande pâte russe : la lumière lui donne des ailes. Il lui faut la lumière.

Dans les arts plastiques, le malheur des Russes est de croire à Munich et à Dresde : pour ne rien céler, de croire à Rome aussi, à travers les Bavarois et les

Saxons. Ils ont pris pour maîtres ces
aveugles et ces balourds, qui peignent des
idées avec leurs pieds, et qui voient les
couleurs, rire de la nature, dans un
prisme de viande mal cuite.

Il faut guérir les Russes de Bœcklin.
La ligne leur manque : ils n'ont pas
encore eu ce grand créateur d'ordre,
qu'on appelle un artiste dans les arts
du dessin. C'est en Perse et à Paris qu'ils
doivent aller, puisqu'il faut toujours qu'on
aille à l'école.

§

Ha, quelle humanité dans ces Russes !
Comme ils nous sont proches, venus du
contraire horizon ! Leur génie et le génie

de la France sont deux obliques, parties
du même point : et la charnière est ce
qu'il y a de plus fort, de plus durable
entre les hommes : la charité du genre
humain.

Cette grande vertu d'humanité, qui est
l'âme de la Russie, d'où sort-elle enfin,
et d'où est-elle née? De la souffrance. Et
de la profonde bonté qui s'est formée, au
long des siècles, dans l'usage et la possession de la souffrance. Elle est le trésor
caché, qui peut payer le ciel et la terre,
à qui le connaît et le révère. Mais pour
qui n'en sait pas le prix, elle n'est qu'un
boulet d'angoisse et le faix écrasant qui
colle l'homme à la matière.

Ce peuple a tant souffert, qu'il n'avait
plus qu'à aimer ou à disparaître. Il a aimé.

Ils sont bons, ces Russes. Ils sont vrais. Ils sont chrétiens. Ils le restent jusque dans le crime. Comme je l'ai déjà dit, les Allemands n'ont jamais été chrétiens. Le culte de la matière devait leur donner la haine de l'esprit.

Mais enfin, qu'est-ce que l'hygiène au prix de la bonté ?

§

La Russie est le plus pacifique des peuples. Elle a horreur de la guerre : elle en a presque honte. Elle la fait parce qu'il le faut, parce qu'on ne peut résister au dessein de Dieu ; parce que l'homme ne doit pas refuser la souffrance, quand l'appel d'une cause juste lui prescrit de

l'accepter. Elle fait donc la guerre avec
cette tristesse et cette résignation hé-
roïques, avec cette infinie patience qui
est l'épouse sans orgueil d'un courage
infini.

La France, elle, est la plus pacifique
des nations, après avoir été la plus guerrière. Mais cette belle guerrière ne fut
jamais un État militaire, une machine
à tuer. Elle est à présent pour la paix,
parce que sa grande âme a compris la
condition humaine, qu'elle croit à la
raison et qu'elle a le culte de la vie.

France et Russie ont été forcées à la
guerre par un ennemi qui la veut, qui
l'aime, qui l'exalte, qui en a fait sa fin et
ses moyens. Car la fin de l'Allemagne
est la conquête du monde et la ruine des

autres n ations. Le terme de la volonté
allemande est toujours la méconnaissance
d'autrui, l'esclavage ou la destruction :
d'où la guerre.

Prise à la gorge, la Russie a dû tirer
l'épée pour la défense de ses filles slaves,
faibles, mineures et sous le coup d'une
menace mortelle. Et la France a tiré
l'épée pour venir loyalement en aide à sa
sœur russe : mais bien plus encore pour
défendre en soi-même, sous la hache de
la violence, le droit d'être soi et tout ce
qui fait le prix de la vie.

Toutes deux, à des titres divers, font
la guerre pour la paix, et pour mettre
fin à la guerre. Elles en ont le dégoût, le
mépris même; et elle leur est en abomi-
nation.

Toutes les deux luttent pour le plus haut objet qui ait jamais été en question dans le monde : pour une idée humaine de la vie, contre l'idée bestiale de la force.

Il s'agit de savoir si chaque pays sera forcé, oui ou non, d'être honnête homme et de se conduire en honnête homme à l'égard des autres pays. Ou si l'assassin, qui cache des armes dans ses poches, aura droit sur les honnêtes gens qu'il assassine, parce qu'ils sont désarmés, parce qu'ils ne se défient point, parce qu'ils sont trop bien logés chez eux et parce que le bandit a envie de la maison.

La force est-elle justifiée par l'abus ? et par le succès, tous les crimes de la violence ? Comme au temps de Marathon, ou pendant la captivité de Babylone, l'homme demande à l'homme, sinon à Dieu, s'il y a des lois.

L'homme vit-il sous une loi humaine? Y a-t-il un droit entre les nations, comme entre les individus? ou l'homme est-il condamné, pour jamais, à vivre dans l'horreur de la violence, l'appétit de l'espèce et l'ignominie du perpétuel dévorement?

La cause de l'homme est celle de la France, et l'a été de tout temps. Ce soldat du genre humain, en Orient, c'est la Russie.

La Russie nous est sacrée, parce que nous avons reconnu en elle, dans un ordre nouveau, notre jeunesse, notre foi et notre propre destin. Et c'est pour servir les mêmes dieux, que son meilleur sang se mêle au nôtre, et que notre plus beau sang coule avec le sien.

III

OCCIDENT ET ORIENT

Nous voici aux jours les plus lents et les plus mornes de la guerre. L'août est le mois de la fournaise, pour la France. L'an dernier, ce furent les semaines rouges, dans l'enfer de l'ennemi, et dans la purgation de l'épreuve. Puis vint la résurrection de septembre, la vengeance des vendanges, et la plus belle victoire de tous les temps, la Marne, qui est, à la fois, Marathon, Salamine, les Champs Catalauniques, Poitiers et Valmy.

En attendant le vin nouveau, la France
sauvée et sûre du salut du monde qu'elle
porte, reste muette et comme impassible
devant les souffrances de la Russie, cette
grande patiente, si simple dans la peine,
si solide, inondée de sang et toujours
debout.

Tandis que le démon allemand frappe,
tue, brûle et se rue de tous les côtés,
l'Occident forge des armes et prépare la
victoire. Une vengeance sans pareille,
égale au crime, est en train de bouillir
dans les cuves et la chimie des usines.
Car la plus cruelle des vengeances sera
toujours de faire une justice terrible.
Elle se fera, aussi sûr que la raison doit
avoir le dernier mot dans les affaires
humaines, si l'homme dure.

En cet août sévère, où le silence de
l'Occident couvre d'un voile gris les char-
niers de Pologne, c'est à nous, tous et
chacun, de tenir bon. Cet ennemi, qui
s'est mis hors la loi, qui a la folie,
l'orgueil ignoble et la violence du démon,
s'épuise dans la fureur de ses coups.
L'Etat-machine, qui renouvelle au milieu
de l'Europe chrétienne les empires de la
vieille Asie, Babylone et Ninive, a bandé
trop durement tous ses ressorts : qu'une
pièce rompe, et la mécanique saute en
l'air. Cette force pour le mal, la plus
redoutable et la plus atroce qu'on ait vue,
est au sommet de sa courbe : elle touche
au période de la chute : les ordonnées de
la victoire et de la conquête vont décroître
dans la plaine russe, comme elles ont

décru, lentement, en Occident, depuis
neuf mois. La décadence serait déjà
visible, si l'Occident avait une politique.
Tout montre qu'il n'en a pas. Il fallait,
ici, une grande tête, formée par l'histoire
et capable de pressentir l'histoire en for-
mation dans le chaos des événements.

Jamais l'Italie ne fût entrée seule dans
la guerre, sans y être suivie par les Etats
des Balcans, s'il y avait eu quelque part,
à Paris, à Petrograd ou à Londres, une
pensée qui voit, qui veut, qui sait et qui
dirige. L'Europe aurait une politique,
jamais l'affaire des Dardanelles n'eût été
menée de la sorte, engagée au hasard et
conduite au petit bonheur.

Rien ne peut faire que ce qui fut ne
soit pas. Il faut en prendre son parti, et

ne point croupir dans les regrets. Grâce au ciel, je vois dans les peuples les moyens et les ressources, que n'ont pas ceux que les dirigent. Les fautes de l'Occident et de la Russie tiennent au génie même de ces belles nations. Elles sont victimes de leur confiance. Elles n'ont jamais cru à la guerre. Elles ont toujours été dupes, elles le sont encore, de la puissance infernale qui ne vit que pour la guerre, et pour tromper. L'Allemagne fait la guerre dans la paix. L'Occident garde les illusions de la paix au plus fort de la guerre.

L'Occident a, du moins, repris force en baisant la terre : et de quel baiser ! celui que cinq cent mille de ses fils donnèrent au sein maternel, qui l'a reçu,

qui l'a bu, pour se refermer plus jalou-
sement sur les enfants qui le lui don-
naient. La Russie, elle, livrée de tout
temps à ses plus âpres ennemis, à ces
Baltes qui sont ses Prussiens de l'inté-
rieur, n'oppose à l'invasion qu'une
muraille de chair vive. Elle prodigue les
hommes, sans mesure. A la fin, elle vaincra.
Pour le moment, elle est meurtrie; elle est
foulée; elle est saignée aux épaules. On ne
peut penser au martyre de la Pologne
sans douleur. Le monstre allemand se flatte
de briser la Russie aux quatre membres,
sur la roue à dix rayons de ses armées. Il
se promet de lui broyer les mains; de la
laisser, tronc inerte et géant, sans bras
sur la Baltique et la Vistule, ni pieds ni
jambes sur la mer Noire et le Danube.

Il est capital de secourir la Russie, avant toute fracture. Le péril presse de lui ouvrir la mer, et de lui tendre la main. Il importe suprêmement de casser les reins au Turc, sinon à l'Allemand : l'échine de la bête est aux Dardanelles. Constantinople est la troisième capitale du monde russe : Petrograd est la tête, Moscou le cœur, Constantinople les poumons.

Avec Constantinople libre, la Russie respire. Les échanges nécessaires à la vie peuvent se faire. La Russie envoie son blé : elle reçoit de l'or et des obus.

Pour une bonne part, les peuples des Balcans sont cause de la guerre : ils en sont l'occasion. Cette guerre les sauve de la servitude ou de l'anéantissement. On

ne peut leur permettre de tenir en échec
les puissances tutélaires qui les conservent
après les avoir fait naître. Il faut leur
donner à choisir entre le salut qu'on leur
impose avec toute sorte d'avantages, et
leur perte assurée, s'ils diffèrent leur
choix.

Le nœud des alliances et de la trahison
est en Bulgarie. Caërdal disait à Rome, il
y a près d'un an : « Il ne faut pas croire
aux Bulgares. Ce ne sont pas des Slaves,
mais des Turcs baptisés en slavon. Boul-
gres ils sont depuis mille ans : bougres
ils restent. Et ils ont pour roi une espèce
d'Henri VIII, couard et félon, capable de
tout par avarice. »

§

Tout perdre pour avoir voulu tout gagner, c'est le point mort de la neutralité. Le marchand finit par être dupe de ses marchandages : on lui laisse sur les bras ce qu'il voulait vendre, et qu'on n'a plus besoin d'acheter.

L'équilibre, quel qu'il soit, ne pourra se faire entre les Balcaniens que sur les dépouilles de la Turquie et de l'Autriche. Une Roumanie, qui va doubler en hommes et en territoire, ne saurait prétendre à retarder, par des exigences nouvelles, un accord qui lui donne presque tout. Car elle n'aura rien, si cet accord ne peut se faire. Ce qui est vrai de la Roumanie ne l'est pas moins de la Grèce. Croient-elles, ces petites nations, que l'accord général ne soit fait que pour elles, et cette guerre immense, où elles ne comptent pour rien jusqu'ici? C'est déjà beaucoup qu'elles en profitent, de façon à dépêcher en quelques mois l'œuvre de plusieurs siècles.

Les Empires Barbares se moquent de la Roumanie et des autres Balcaniens, quand ils leur promettent les provinces russes, Odessa, et quoi encore? La Roumanie, comme les autres Etats des Balcans, ne peut rien gagner qu'à la défaite des trois empires. Car c'est à leur héritage qu'elle prétend. Ils ne peuvent donner que ce qu'ils n'ont pas et ils doivent refuser tout ce qu'on leur demande. Les promesses de l'Allemagne à la Rou-

manie sont un jeu, le même qu'on a vu
M. de Bulow jouer contre l'Italie : et dans
chaque pays, il y a un Giolitti pour biseau-
ter les cartes. A Rome, M. de Bulow
offrait Tunis, la Corse, Nice, peut-être
Marseille. L'Italie parlait Adriatique, il
répondait golfe du Lion. Il me faut
Trieste, disait l'Italie, et j'ai besoin de
Raguse; et l'Allemand d'ajouter les îles
d'Hyères et même Carpentras à la Pro-
vence. L'avidité finit par troubler les
yeux, et donne le vertige. L'Italie, tête
claire, ne s'est point laissé prendre aux
miroirs de l'appétit. Seules, la Turquie
et l'Autriche, tant slave que latine, sont
des successions ouvertes. L'Occident n'est
pas mort ni en agonie. Les Barbares le
savent mieux que personne.

Si les Bulgares ont le sens de l'histoire,
ils seront à Andrinople dans un mois.

Le malheur de ces peuples : ils ne
voient, chacun, que son intérêt le plus
étroit. Il faut penser et vouloir en fonction de l'Europe. On s'entendra toujours
avec les Serbes : ils ont la conscience
européenne plus que les autres. Leur
martyre leur assure des droits supérieurs.
Et pourtant ils sont prêts à bien des
sacrifices. C'est qu'ils ont compris.

§

Vénizélos et Pachitch sont les maîtres
de l'heure. Qu'ils osent, qu'ils agissent :
et toute la guerre est changée ; le nouvel
Orient s'ébranle, et précipite la ruine de

l'Orient condamné. L'inaction des Balcaniens est la cause unique et la condition
de la victoire allemande entre le Dniester
et le Niémen. Si les peuples des Balcans
avaient pris les armes en même temps
que l'Italie, les Dardanelles eussent été
forcées : la Russie, fournie d'obus et de
canons, n'eût pas été réduite à la retraite.
Ces peuples tiennent dans leurs mains,
sinon l'issue, la durée de la guerre. Leur
retard est celui de Grouchy : il vaut une
trahison. Ils nous ont fait perdre neuf ou
dix mois, au printemps. Ils peuvent nous
faire perdre deux ans, s'ils ne se décident pas avant l'automne.

Les Bulgares ne veulent faire la guerre
que pour la Bulgarie. Elle est, pour eux,
en Macédoine, autant qu'en Roumélie et

en Thrace. Ils réclament leurs frontières de 1912. Les Serbes et les Grecs ne sauraient leur contester ce qu'ils accordaient, il y a trois ans, sans débats. Les Bulgares peuplent les terres de Macédoine. Un pays agricole appartient aux paysans des campagnes et non aux habitants des villes. La Thrace et la Macédoine sont dues aux Bulgares, comme aux Serbes la Bosnie, l'Herzégovine et les pays croates; comme les Iles et l'Ionie aux Hellènes. Ni les Bulgares ne peuvent se passer d'un littoral sur la mer Égée, ni les Serbes de bons ports sur l'Adriatique.

Quelle guerre feraient tous ces peuples, sinon contre la Turquie seulement? La guerre aux Turcs, depuis dix ans comme aujourd'hui, c'est la guerre aux Allemands. Berlin commande. Vienne est vassale. Constantinople et l'Asie Mineure ne sont plus qu'une colonie.

Vénizélos est le seul homme d'État qu'il y ait en Europe. Dieu sait si la France l'admire et si elle souhaite d'aller jusqu'à l'amour dans l'admiration. Le nom grec nous est cher entre tous les noms : la France sépare les Hellènes de tous les reproches que mérite le royaume. Une telle complaisance ne peut toujours durer. Sophocle, Homère et Platon ne sauraient racheter éternellement une politique de pièges et d'abandons.

Au fond, c'est une intrigue de cour qui fait la résistance et l'obstination des Grecs. Cavalla est le moyen de les brouiller avec l'Occident : et au profit de qui ? pour qui,

sinon pour le roi de Prusse? Les Grecs
sont joués par la couronne. Et la couronne les joue avec le mirage de Constantinople. On souffle sur cette antique
flamme : Cavalla et la Thrace sont l'avant-
porte de Byzance. Et l'on veut faire croire
aux Grecs que l'Empire de Byzance leur
est promis. Ce rêve est dangereux. Il n'est
pas même ridicule. Pour que Byzance soit
la capitale grecque, il faut qu'Athènes
cesse de l'être. La Grèce n'est-elle res-
suscitée que pour périr? Voilà, de temps
en temps, ce que coûte un roi.

Vénizélos, chassé du pouvoir, l'hiver
dernier, y revient plus fort de l'épreuve
même. Le désordre est partout, où il avait
fait l'ordre. La Grèce, c'est lui.

On peut toujours se passer de la Grèce.

Mais la Grèce ne peut se passer des Alliés ni de leur victoire. Vénizélos le sait fort bien. L'occasion perdue doit se retrouver : un grand homme d'État comme lui est précisément l'homme de l'occasion : pour la saisir, il la fait naître. Le temps seul est irréparable. Il convient, cette fois, de ne plus le gaspiller. C'est à Vénizélos d'oser et de vouloir pour son peuple. Qu'il s'appuie sur les Alliés. Ils n'eussent jamais dû permettre qu'il tombât. Une bonne politique doit soutenir le hardi Crétois et l'assurer contre tout autre chute. Athènes est à mi-chemin de l'Adriatique aux Dardanelles. Et au besoin, la République est à moitié route entre la dynastie étrangère et une autorité nationale.

§

Il y a de quoi rire, quand on voit nos hommes d'État et nos docteurs trembler devant les pensées réelles. La République n'est pas une pensée réelle pour eux : ils se privent ainsi de l'immense avantage que l'homme simple a sur la mascarade, et le sourire sur le ridicule. Plus ou moins, tous les monarques sont ridicules; et ce mal est incurable, quand il est de droit divin. Nos docteurs et nos hommes d'État ne sont pas capables de suivre l'exemple du Sénat romain : les rois ont fait la moitié de la besogne pour Rome.

Nos politiques se donnent tous le souci d'un peu mentir, comme si la vérité ces-

sait d'être vraie, parce qu'ils n'osent pas
la voir, et qu'ils frissonnent de la dire. Si
du moins ils mentaient avec force : mais
ils ne mentent qu'à demi : ils mentottent.

Le mensonge est d'ailleurs le meilleur
moyen de servir son parti, pour tant d'esprits médiocres, qui se croient grands, et
n'ont d'autre grandeur que de se jucher
sur des dogmes. On n'ignore pourtant
plus ce qu'ils sont, et que les dogmes en
politique sont les spéculations de l'intérêt. Eh ! de bonne foi, sans doute, de
bonne foi !

A entendre tous ces diplomates, il
semble qu'on ne puisse toucher sans sacri-
lège à la politique intérieure des États.
Voilà qui est bouffon. Dans une guerre,
où toute la vie de l'Europe est en ques-

tion et se décide pour des siècles, il faudrait feindre l'indifférence aux pires dan-
gers, ou le respect à l'égard de ce qu'on
méprise le plus : à qui fera-t-on gober
cette énorme mouche, ce chambellan, ce
chancelier des mouches? et que la vie
intérieure des États ne soit pas aujour-
d'hui la condition et la cause de leur
action dans le monde?

Il faudrait fermer les yeux au péril,
partout présent et partout le même, que
les cours allemandes font courir à l'Europe. Il faudrait prendre la mine grave
des augures en fonction, et se défendre de
penser que les Hohenzollern d'Orient, et
leurs alliances dans le Nord, ont failli
rendre inutiles les efforts des Alliés et
toute leur marine.

Or, comme il faut détruire l'État allemand pour avoir la paix en Europe, il est nécessaire de réduire à l'inertie les dynasties allemandes dans les pays neutres.

Presque tous les peuples sont avec l'Occident : par raison ou par instinct, ils savent que notre cause est la leur, et que leur sort est lié au nôtre. En temps de paix, la France peut s'égayer de la componction, de l'air tendre, mélancolique et pénétré avec lequel la plupart de nos diplomates adorent, à l'étranger, ce que la France a brûlé chez elle : l'armoire aux défroques, l'étal aux titres, aux croix et aux cordons, toute cette singerie est une des bonnes farces qui nous restent. Mais, dans une guerre comme celle-ci, le

lieu n'est pas de rire ; mais ce n'est pas
assez de lever les épaules.

La France ne fait pas la guerre aux
rois, s'ils ne la lui font pas. Un roi notre
allié nous est plus cher que toutes les
républiques neutres. Mais si les peuples
sont neutres par le fait de leurs reines et
de leurs rois, si même ils nous font la
guerre, parce que leurs reines les y for-
cent, pourquoi ne ferions-nous pas un
peu la guerre aux rois ? Il est des guerres
secrètes, qui sont de fort bonne guerre.
Tous les Hohenzollern ensemble ne valent
pas la vache d'un soldat français qui a
laissé sa pauvre femme au pays, et dont
les Boches ont brûlé la ferme.

Chez les Allemands même, cette guerre
affreuse est pour la moitié le fait du

prince. Au centre de l'Europe, sans la
Prusse, il n'y aurait pas d'empire barbare
et militaire à la mode d'Assur ; et il n'y
aurait pas de Prusse, sans la dynastie mau-
dite des Hohenzollern. La grande guerre de
1914 n'a pas été engagée par les peuples,
fût-ce par le peuple allemand, cet esclave.
Le peuple allemand paiera peut-être pour
ses rois, et c'est son affaire. Mais on ne voit
pas pourquoi la France paierait, si peu que
ce fût, la dette du peuple allemand : et elle
paie, si elle se refuse à considérer une
vérité trop évidente, et surtout si elle
n'ose pas la dire, après s'en être assurée.

En général, les diplomates sont si
médiocres que leur prudence ne voile que
l'inaction ; et il n'y a que le néant des
idées sous leur silence.

Latins, Romains, Saxons, il n'y a guère de sens, aujourd'hui, à ces mots-là ni à tant d'autres, qui prétendent expliquer ce que l'on connaît par ce qu'on ne connaît pas. La race seule prête un sens à ce qui n'en a point. Et les mots rendent à la race le peu de sens que la race leur donne. La pétition de principes gouverne toutes ces théories, et une fausse logique en fait le venin. Les idées tournent en poison dans le vase clos de l'âme fanatique.

A la vérité, il est une façon de penser classique, où la raison latine entre pour beaucoup. Il est un sens latin de la vie et de la justice, que le droit romain exprime et qu'il incarne aux peuples. La loi, les mœurs et la liberté latines sont des fruits admirables que la cité ne porte pas ni ne mûrit partout.

Une telle méthode de l'esprit a conquis, d'un seul coup, et réglé le cœur des Celtes, bientôt enrichi de toute la vie intérieure que recèle l'Évangile : voilà les trois racines de l'Occident, toutes trois étrangères au monde teuton, et qu'il a toujours haïes.

Rien n'est plus réel que l'Occident. La France a fait l'Occident, et l'Occident fait l'Europe. Elle n'est point encore : l'Europe naîtra de la guerre. Le déluge où nous sommes est la grande guerre des Barbares contre l'Occident.

Les neutres ne vivent que sur la foi de
l'Occident. Que l'esprit de l'Occident soit
vaincu, et c'en est fait d'eux tous : il leur
faudra servir, la chaîne au cou, le fouet
sur les épaules. Et quel despote, dans
quelle servitude! Ils ne s'en doutent pas.
Ni les Danois, ni les Polonais, ni l'Alsace
même n'ont rien vu : Assur ne s'était pas
encore révélé.

Sans le vouloir, la France et la Belgique
souffrent mort et passion pour les neutres.
N'est-il point temps que les neutres s'en
avisent ? Ou la fortune de quelques marchands est-elle le seul intérêt qui les
anime ? Ils ne verseront pas leur sang
pour la France, s'ils se décident enfin à
la guerre : mais pour eux-mêmes. Depuis
plus d'un an, l'Occident les a défendus : à

eux maintenant, non pas de nous défendre,
mais de penser à leur propre défense.

Dans cette guerre, qu'est-ce que la Turquie ? Un neutre qui se laisse faire, et
qui obéit aux Barbares. Les Barbares sont
mortels aux autres Barbares. L'Occident
seul n'est pas sans pitié pour eux et sans
foi. Ainsi, par la folie de quelques sots,
ces Turcs se sont mis aux mains de leurs
pires ennemis : et ils ont déjà les vingt
doigts qui les serrent à la gorge.

La Turquie se laisse manier, et paiera
sa complaisance de la vie. Il le fallait.
Constantinople est une des villes fatales,
où les dés de la guerre tournent le sort
des empires.

Par milliers et par myriades, les Turcs

meurent pour une cause qui n'est pas la
leur. Mais il fallait qu'elle le fût : ils sont
la preuve que le neutre est forcé de prendre
parti. On doit prendre parti pour vivre,
et pour mourir. Ils ont été rangés par
toute leur histoire dans le camp de l'ennemi de l'Europe et du genre humain. Ils
expient mille ans d'exception à l'humanité, telle que l'Occident l'a conçue. Ils sont
avec le Barbare savant, pour que le Barbare ignorant ne puisse pas se soustraire
au châtiment commun de la barbarie.

En vain, la Turquie a-t-elle été sauvée
trois fois par la France et l'Angleterre.
Les deux pensées souveraines de l'Occident n'ont jamais demandé aux peuples
de l'Orient que le respect d'une loi qu'ils
ne peuvent fonder, mais dont ils peuvent

s'assurer, en la respectant, le bénéfice et
la tutelle. Ces puissances tiennent la
parole donnée, et font honneur à la signa-
ture des traités qu'elles signent. Le Barbare rit de ce préjugé. Tel rit d'un traité
qu'il a signé, qui pleurera d'un traité
qu'on signera sans lui.

Moins la garantie de la France et de
l'Angleterre, la Turquie était perdue, le
siècle dernier, à trois reprises. Elle est
donc condamnée. Elle ne l'est pas moins,
que les Barbares du Nord soient vainqueurs ou vaincus. Vaincus, on ne veut
plus la sauver. Vainqueurs, ils feront une
proie de leur alliée : rongée à la nuque
et au ventre, la Turquie sera toute dévo-
rée, sans avoir le droit ni même la con-
solation de se plaindre.

§

L'Allemagne n'a pas fini avec la France. Elle ne sait pas ce qu'elle a fait contre elle-même, en donnant à la France la certitude qu'elle est l'âme de l'Occident, et en donnant à tout l'Occident la conscience que son âme est la France. Enfin, cet Occident qui était dans les vœux de la France et qu'elle a tant cherché depuis des siècles, le voici qui se constitue. C'est la fin des Barbares, et l'aurore de l'Europe. Ou les Barbares serviront, et prendront la loi humaine de l'Occident ; ou il leur faudra disparaître. Le siège de l'Allemagne est commencé ; et non pas sur l'Ill ou l'Yser seulement ; il

durera plus d'un jour : il pourra se pro-
longer au delà de cent ans. Mais la bas-
tille de Thor, le Moloch blond, finira bien
par se rendre. L'Europe est d'abord
l'Occident; et l'Occident c'est la France.
Voilà, depuis dix siècles peut-être, et dès
la Chanson de Roland, la pensée la plus
intime, la plus sûre et la plus chère
à toute la nation. L'admirable peuple
vivait pour cette idée, sans qu'il le sût.

Imprudente Allemagne! Il ne fallait
pas que la Bête réveillât la Belle dans le
demi-sommeil de ses jardins enchantés
et de sa confiance. La Bête de fer et de
feu n'est rien du tout au prix de Notre
Dame, qui est déesse. La pensée, qui a
pris racine dans l'amour, n'est pas le
bien le plus précieux de l'homme : elle

est l'homme même dans sa part immortelle. L'esprit libre jamais ne sera vaincu par le serf de l'esprit ni la matière serve. Jamais Caliban n'aura raison de Prospéro, même si Prospéro le laisse faire.

L'Allemagne n'en a pas fini avec la France. Elle va revoir ces Français, qui selon elle sont morts, et qui ne comptent plus. Ils compteront assez pour la jeter contre terre et faucher les genoux à son insolente fortune. Tel est le miracle de la nation héroïque et bonne, qui aime et qui est capable du plus universel et parfait sacrifice. Selon le mot étonnant d'un de ces morts, sur le champ de bataille, tous les morts de la France sont debout, pour vaincre et pour revivre. C'est l'Allemagne, demain, qui va savoir quel compte elle a, inexpiable et terrible, avec ces morts. La France est une morte qu'il faut qu'on tue cent fois, pour être tué de sa main la cent unième : parce qu'elle est l'esprit qui aime, qui se donne la vie en la donnant, et que la volonté de cette nation, comme sa vocation, a toujours été de se rendre immortelle.

3 Juin-10 Août 1915.

CHANT DES BELLES GALLOISES

CHANT DES BELLES GALLOISES

I

VOICI que le soir tombe, avec l'orage. Et le soleil passionné descend, comme un blessé se traîne avec lenteur sur la colline ; il descend sur la mer, avec un sourire, tout en sang. Et tout à l'heure, le divin héros sera couché sur le lit qu'il préfère.

Voici que le soir tombe. Les jeunes filles de l'Ouest viennent sur la prairie ; et viennent aussi les jeunes femmes de la douce terre. Elles sont deux chœurs qui se rencontrent

13

dans l'herbe fleurie et l'odeur du blé noir qui sent le miel et la vanille.

Elles s'avancent les unes vers les autres, les vierges et celles qui le furent, les nids à baisers et celles qui voudraient l'avoir été. Elles désireraient danser : mais ni les amants, ni les fiancés ne sont plus là. Est-ce qu'ils sont tous morts ? Ils sont tous partis pour l'œuvre dure et pour la guerre. Elles ne pourront plus fouler le raisin de la joie dans les danses. Et elles ne veulent pas danser aux bras l'une de l'autre. Il ne leur reste qu'à lancer leur âme dans le chant.

Chantez, les belles ! L'heure du chant sonne pour vous, sur la prairie brûlante, entre le mur des chênes et les lèvres de l'Océan.

Allez ! mes belles ! mettez-vous, les libres jeunes filles, au bord de la vague verte. Et

vous les jeunes femmes, contre la haie des
feuilles au cœur déchiqueté qui vous sépare
de l'Orient.

II

LA JEUNE FILLE

Amour ! un an de guerre ! et les treize
mois sont révolus ! O fiancées que nous
sommes ! Douloureuses, pleines de sourires,
avides de danser et tant déçues, où êtes-vous,
nos fiancés ?

Notre voix est toute chaude. Notre voix
vient du feu, pour vous appeler. Beaux fiancés, où êtes-vous, si doux, si chers à celles
qui vous attendent ?

Nous ne danserons plus. Nous chantons notre peine.

Une sœur, hier, a frappé dans la nuit, toc, toc, sur nos portes à la chambre des vierges.

Et vierge comme nous, elle est entrée tout en pleurs et nous a dit : « Je suis Poleska, ta jeune fille de Pologne. Sœurs de Bretagne, sœurs Galloises, savez-vous la danse et le chant, cet été, de vos sœurs polonaises ? Elles sont la couronne de gui et la flûte des pleurs sur les tombeaux. Elles vont, coquelicots du deuil et bleuets de l'adieu, par la plaine ; et la bêche à la main, du matin au soir, elles creusent des fosses. Elles mettent dans la terre leurs fiancés et leurs amants. Voilà l'été de la Pologne, et nos couches nuptiales, ô sœurs de l'Occident. »

Ayant dit son message, elle a pâli, la

brune fille de l'Orient, aux yeux si bleus, au
visage si blanc, et baissant son col souple sur
sa gorge, elle est morte en pleurant.

Et vous qui êtes contre la haie, après ce
long hiver dans la brume, ô tendres veuves
du baiser, quel fut votre printemps, et quel
est votre été? Vers nous levez les yeux, belles
émeraudes mouillées. Répondez, blondes
orphelines du soleil, chères sœurs Galloises.

III

LA JEUNE FEMME

Nous sommes les amantes et les jeunes
femmes. Petites sœurs, vous n'êtes que les
fiancées.

Un an de dévorant amour et de regret !
Une année dans le gouffre de l'ombre sèche !
Un an de solitude et de douleur.

O petites sœurs, vous espérez la vie, même
quand vous la pleurez. Mais nous, elle nous
dévore.

Nous voici prêtes à mourir d'amour. Et
vainement. Et nul ne veut de notre don. Et
notre cœur est inutile. Ah ! c'est bien là le
pis. Nous mourons de nous-mêmes et de
tout.

Au plus tendre de nous, le désespoir ronge
ce que le souvenir déchire. Fiancées, fiancées, vous ne savez pas les ardeurs des
amantes, et que leurs larmes sont du sang.

C'est une ardeur que la blessure vous fera
connaître. Alors, pauvrettes, la saveur du
sel sur la plaie, coulera de vos larmes, l'eau

royale ne mord pas plus cruellement. Et
l'encens du feu montera de votre doux petit
ventre jusqu'à vos yeux.

Vous ne savez pas non plus, tu l'ignores
encore toi qui chantes, suave jeune fille,
quelle moisson nous avons faite, et quel est
ce cortège, là-bas, ouvrant la haie, qui
s'avance dans la prairie, portant un trésor
caché, comme une châsse dans les blés.

O ma sœur, toi qui es si chaude et la plus
pâle, viens dans mes bras, si tu ne veux
tomber.

Celui que ces jeunes femmes promènent,
sur leurs épaules, parmi les fleurs, c'est ton
beau fiancé.

Et il est mort d'amour pour Notre-Dame,
entre la mer et la Marne.

Il aimait.

IV

Comme le soleil rougit, d'une dernière effusion, toute la mer verte, on couche le beau jeune homme dans les seigles.

Il est mort. Il est nu. Il est blanc dans les épis. Blanche est sa tombe, et ses yeux sont clos comme les portes du jour : silence éternel sur le rire, la lumière et le bruit.

Les lèvres sont de cendres. La double flamme est morte, plus de tison. Et la fleur virile est à jamais fauchée. Qu'il est beau, le jeune corps de l'homme ! Et le héros est toujours pur.

Elles le baisent toutes, cent fois, suave-

ment, comme on mange le raisin à la grappe ; et les unes pleurent ; les autres sourient, telles de tendres folles.

C'est moi, l'amant ! C'est moi, le fiancé, que vous portez ainsi, mes belles. C'est moi le soc de la terre et le coutre d'amour que vous allez ensevelir dans l'herbe.

Et celle qui eût été mon champ mourra sans fleurs et sans épis.

Du moins, sauvez-moi de la mort froide et de l'oubli.

Prenez-moi dans votre paradis de femmes, entre vos lèvres.

Une heure encore, tenez-moi et me serrez dans votre doux giron qui sent la menthe fraîche, le miel, le romarin et la brûlante giroflée.

Gardez-moi, je vous prie, dans la chambre

des baisers. *Je suis nu comme la mort, nu comme naissance éternelle. Je suis sans défense à l'égal du pur désir. Je me suis séparé de mes autres armes : immortelles, elles n'ont plus besoin de moi.*

Et puisqu'il faut un linceul, cousez-moi dans vos cheveux avec vos larmes. Cousez-moi à longues aiguillées de pleurs, dans vos ardents cheveux.

V

Si nous ne sommes amour, que sommes-nous ? Toutes, ici, nous voici vouées, adieu semailles ! au soleil qui s'en va chaque soir et aux cruelles pluies.

Amants, nos bien-aimés, tel est donc

l'amour pour lequel nous sommes nées?
Mères, pour qui fîtes-vous ces filles malheu-
reuses? Nos âmes bondissent en révolte. Et
tous nos cœurs qui veulent sortir de nous!

Baisons-nous, sœurs chéries, au nom de
l'amour et de la mort : et du Seigneur qui
aime, qui ouvre au ciel les sources et les parcs
d'amour, pour tous les Aimés, en paradis.

— O belles, ô douloureuses, chantent les
jeunes filles, vous qui êtes séparées de votre
chair et de vos baisers, venez.

— Et vous, petites filles, disent les jeunes
femmes, ô délicieuses, divisées de vos désirs,
privées de votre attente et des caresses, venez.

— Chers cœurs !

— Chères femmes !

Elles se serrent tendrement. L'une l'autre passe sa main sur la gorge si fraîche de sa compagne et sur le doux ventre chaud.

Et l'oiseau-cœur, ici et là, palpite et veut sortir de sa cage.

Elles pleurent, et se baisent doucement aux lèvres, avec un sourire.

Puis, elles se sont saluées, en chantant, sous le portique de la nuit, tandis que l'Océan dévorait les derniers tisons et les œillets suprêmes du couchant.

Janvier 1915.

TABLE DES MATIÈRES

TABLE

IMPRIMERIE CHAIX, RUE BERGERE, 20, PARIS. — 10962-10-15.